AF276113

13 MANERAS DE VER LA IA, EL ARTE Y LA MÚSICA

Jennifer Walshe (Dublín, 1974) es profesora de composición en la Universidad de Oxford y una de las creadoras de referencia de la música experimental de las últimas décadas, especialmente por la aplicación a su trabajo de los procesos generados por la inteligencia artificial. Su trabajo se divide entre la publicación de discos, composiciones comisionadas por orquestas e instituciones de todo el mundo y la divulgación de las posibilidades en el uso de la nueva tecnología aplicada a la creación experimental. Muchos de sus proyectos recientes se centran en el planeta Marte, utilizándolo como lente para reflexionar sobre los temas más acuciantes de nuestro tiempo, siendo el más reciente *MARS* (2025), encargado por la Ópera Nacional de Irlanda. Ha trabajado con el filósofo Timothy Morton en una ópera, *Time Time Time*, y ha participado en los foros y festivales mundiales más importantes de música contemporánea, como los cursos de verano de Darmstadt, Unsound en Cracovia y Sónar en Barcelona.

Jennifer Walshe

———

13 maneras de ver la IA, el arte y la música

Traducción del inglés de Clara Ministral

ALPHA DECAY

CONTENIDO

La Inteligencia Artificial (IA) no es un fenómeno individual. Hablamos de ella como si tuviera una identidad monolítica, pero es muchísimas cosas distintas: es el *chatbot* de la pareja soñada que nos susurra palabras románticas al oído virtualmente, es el algoritmo que nos escanea la cara en el control de pasaportes, son las listas de reproducción que se nos ofrecen cuando no nos apetece escoger un disco que escuchar. La tecnología es parecida en todos los casos, pero las redes neuronales, los conjuntos de datos y los resultados son diferentes.

Lo mismo ocurre con el arte y la música hechos con IA. Podemos escuchar a Frank Sinatra cantar una versión de una canción de rap desde el más allá, podemos contemplar cuadros hechos por robots, podemos meternos en el apartado de comentarios de un directo de música *death metal* generada mediante aprendizaje automático («bua, tío, pedazo de solo de batería»). Pero que ese tipo de obras se hayan creado utilizando la IA no quiere decir que todas estén formulando las mismas preguntas ni que persigan los mismos objetivos. Experimentamos esas obras —y el uso que hacen de la IA— de muchas formas diferentes.

Entonces, ¿cómo debemos abordar la reflexión sobre el arte y la música hechos con IA? En lugar de buscar un enfoque definitivo, una postura perfectamente definida (o una controvertida y provocadora) que lo abarque todo, quizá podamos intentar pensar como lo hacen las redes de la IA: con mayor dimensionalidad. Desde múltiples posiciones, todas a la vez. Desordenadamente. No viendo la IA de una única manera, sino de muchas.

describe 13 maneras de ver un mirlo[*]

¡Por supuesto! Aquí tienes 13 maneras diferentes de ver un mirlo:

1. Estéticamente: contemplando el mirlo por su belleza visual, apreciando la elegancia de su plumaje negro, el brillo de sus ojos y la gracilidad de sus movimientos.

2. Biológicamente: estudiando el mirlo desde el punto de vista científico, examinando su anatomía, su comportamiento y sus adaptaciones evolutivas.

3. Simbólicamente: explorando los significados simbólicos del mirlo en distintas culturas y mitologías, teniendo en cuenta su asociación con el misterio, las transformaciones o los augurios.

4. Ecológicamente: observando al mirlo en su contexto ecológico e identificando su papel en el ecosistema; por ejemplo, sus hábitos alimentarios y sus interacciones con otras especies.

5. Musicalmente: escuchando el melodioso canto del mirlo y apreciando sus aptitudes musicales. Reparando en las variaciones, los patrones y la complejidad de sus vocalizaciones.

6. Filosóficamente: reflexionando sobre la existencia del mirlo y planteando preguntas sobre la vida, la naturaleza y la interconexión de todos los seres vivos.

7. Históricamente: explorando el significado del mirlo en la historia y la literatura, atendiendo a sus apariciones en el arte, la poesía y los relatos culturales a lo largo del tiempo.

8. Emocionalmente: conectando con el mirlo a nivel emocional, permitiendo que su presencia despierte sentimientos de paz, gozo o curiosidad.

9. Conductualmente: observando las conductas del mirlo, tales como sus técnicas de búsqueda de alimento, sus hábitos de anidación o sus prácticas de marcaje territorial, para comprender las formas de vida únicas de la especie.

10. Espacialmente: considerando la presencia del mirlo en su espacio físico, ya sea posado en una rama, volando por el cielo o dando saltitos en el suelo.

11. Temporalmente: observando las actividades del mirlo a lo largo de las estaciones del año o de las horas del día, reparando en los cambios en su comportamiento o en su apariencia.

12. Interactivamente: interactuando con el mirlo imitando su canto u observando cómo responde a su entorno, propiciando potencialmente una sensación de conexión con el mundo natural.

13. Meditativamente: utilizando el mirlo como foco en la práctica del mindfulness o la meditación, dirigiendo la atención exclusivamente a su presencia, sus movimientos o sus sonidos y dejando que sirva para anclar la conciencia al momento presente.

I

LA IA ES «FAN FICTION»

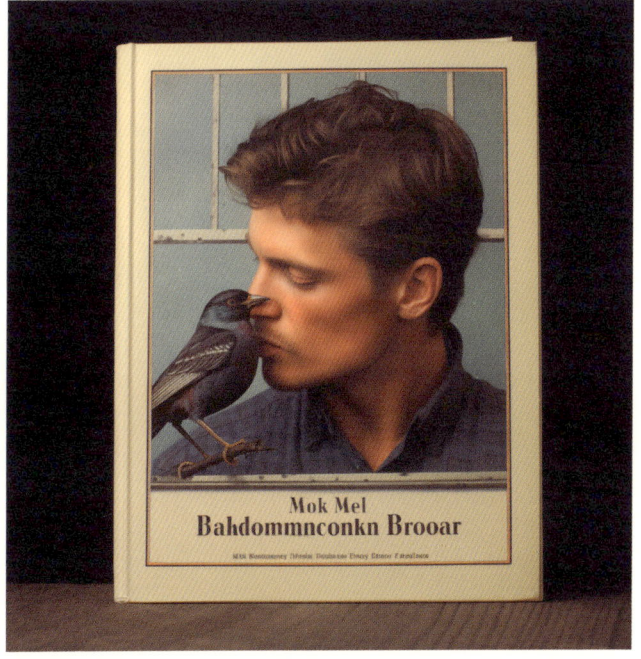

La *fan fiction* es la práctica de crear contenido relacionado con una obra preexistente −obra que está sujeta a derechos de propiedad intelectual y que no se tiene el derecho legítimo a utilizar− con el fin de hacer una aportación a la comunidad de fans de esa obra. La *fan fiction* es distinta del plagio. Cuando un fan crea un *fanfic*, su intención no es hacer pasar la obra por una creación propia en el sentido tradicional. Quienes leen un *fanfic* de *Star Wars* entienden perfectamente que la persona que lo ha escrito no ha creado *Star Wars*, y juzgarán sus capacidades en función de la calidad de la escritura y de la imaginación que demuestre esa persona al escribir dentro del marco del universo de los personajes de *Star Wars*. Tanto para los autores como para los lectores, crear y consumir *fan fiction* son manifestaciones de una misma cosa: una expresión de su pertenencia a la comunidad de fans y del gran placer que esta les reporta, un deseo de ampliar y de enriquecer esa comunidad. Es un regalo que se les hace a los fans.

Una de las prácticas habituales en las comunidades de *fan fiction* es el *shippeo*: esperar, ansiar y rogar que dos o más personajes tengan una relación amorosa, preferiblemente narrada de la forma más gráfica posible. Los fans analizan lo que los posmodernos llaman «el texto» con un grado de atención a los detalles que despertaría la envidia de cualquiera de esos mismos posmodernos, siempre con el propósito de destapar, o al menos poder atisbar, la presencia de atracciones secretas y deseos prohibidos. En el *shippeo* Ted-Trent, los fans de la serie *Ted Lasso* no solo quieren que Ted Lasso y Trent Crimm se líen, sino que están convencidos de que los guionistas han ido dejando pistas de los sentimientos de estos personajes en todas las escenas con el único propósito de que ellos las encuentren, y tienen las capturas de pantalla en sus Tumblr para demostrarlo.

El *shippeo* no afecta solamente a personajes de ficción; también afecta a seres humanos cuya vida es importantísima para sus fans. El grupo musical One Direction tiene una comunidad de fans especialmente entregada, cuyo nivel de avidez es notable incluso en la actualidad, años después de que el grupo se separara en 2016. Existe un subgrupo de fans de One Direction que se hacen llamar «Larries» y que llevan mucho tiempo deseando que dos de los integrantes del grupo, Harry Styles y Louis Tomlinson, sean pareja. En los primeros tiempos, Styles y Tomlinson bromearon con esto. En 2011, Tomlinson tuiteó con candidez: «Siempre te llevo en el corazón, @Harry_Styles. Atentamente, Louis», lo que supuso una fuente inagotable de gasolina con la que alimentar el fuego de las teorías conspirativas. A medida que los Larries empezaron a recopilar pruebas con las que demostrar el romance secreto entre Styles y

Tomlinson (pareja que recibió el nombre de «Larry Stylinson»), las cosas se volvieron turbias. Los foros de internet se llenaron de *fanfics* sobre Larry Stylinson, a menudo con descripciones muy gráficas de las relaciones sexuales entre los dos jóvenes. Los Larries acosaron a Styles y a Tomlinson, acosaron a sus parejas, negaron la existencia del hijo de Tomlinson. Hay que tener en cuenta que todo esto lo hizo gente que afirmaba ser muy fan de ellos. El acoso como un regalo a los fans.

Roland Barthes escribió acerca de «la muerte del autor», pero, con la *fan fiction*, parece que tenemos que ampliar el concepto a «la muerte de todos los implicados». Seres humanos como Styles y Tomlinson son reducidos a personajes de ficción para la comunidad de fans de sus creaciones, lo que implica un planchado que niega sus derechos y su individualidad, un planchado que resulta necesario para que pueda tener lugar la interacción propia de la *fan fiction*. En este sentido, la *fan fiction* nos ofrece un prisma útil a través del cual ver el arte y la música generados mediante IA.

En los últimos meses han aparecido muchas canciones creadas sin consentimiento gracias a la IA. Está AISIS, un proyecto que toma canciones escritas por el grupo Breezer, formado por megafans de Oasis, y les añade una versión de la voz de Liam Gallagher generada por IA. También tenemos una versión de «Careless Whisper», de Wham, con una melodía vocal generada por IA que parece interpretada por Frank Sinatra.

La canción «Heart On My Sleeve», de Ghostwriter, utiliza la IA para imitar la forma de cantar de Drake y de The Weeknd, y su estilo se considera tan parecido al de los artistas reales que Universal Music Group, la discográfica de ambos, ha solicitado la retirada del contenido por vulnerar sus derechos de propiedad intelectual.

¿Cómo debemos escuchar esos temas? ¿Son versiones? ¿Remixes? ¿Una especie de piratería digital? ¿Memes? Yo sostengo que la mejor forma de entender esas canciones es verlas como *fan fiction*. Igual que los fans de *Star Trek* escriben con todo su cariño relatos muy ricos en detalles en los que el capitán Kirk y Spock sientan la cabeza y regentan juntos un *bed and breakfast* en Vermont, a muchos creadores de música generada por IA les entusiasma emplear un tiempo considerable en, por ejemplo, recopilar todas las melodías vocales de Michael Jackson con las que consiguen hacerse, crear con ellas un conjunto de datos y, a continuación, con todo su cariño, dedicar un esfuerzo importante (por no hablar del dinero que se gastan) en entrenar a una red de IA para que genere una melodía vocal muy rica en detalles de «Get Lucky», de Daft Punk, con el estilo de Michael Jackson. Y, por supuesto, cuando escucho a un Michael Jackson generado por IA cantar «Get Lucky», oigo esas progresiones armónicas y esos ritmos de batería tan reconocibles de «Get Lucky». También oigo una melodía vocal que ha sido creada para que suene como Michael Jackson.

Y también oigo el diálogo intertextual entre Daft Punk y Michael Jackson, entre París y Nueva York. Pero lo más importante es que oigo lo que quiere hacer la gente con su música favorita. Cómo quieren moldearla, intervenir en ella, independientemente de la voluntad del artista o de la discográfica. Oigo a la comunidad de fans en acción. Escuchar este tipo de canciones como *fan fiction* me hace tomar conciencia de que todas las solicitudes de retirada de contenido del mundo no van a tener impacto alguno: una vez que un artista y su obra son vistos como un conjunto de datos, que los fans pueden reutilizar para construir un universo interactivo y profundamente imaginativo, no hay vuelta atrás. Vislumbro un futuro en el que la capacidad que tenga la música de un artista de servir de modelo para otras creaciones y de permitir la interactuación será inseparable de su potencial comercial; un futuro en el que tener una comunidad de fans ayudada por la IA irá estrechamente ligado al éxito y garantizará la generación de beneficios mucho después de la muerte del artista. Veo un futuro en el que las comunidades de fans crearán música y experiencias profundamente imaginativas y positivas, experiencias que existen al margen de los conciertos a los que estamos acostumbrados. Veo la posibilidad de nuevos modelos de colaboración, nuevos modelos de compensación y de creación de comunidades, nuevos modelos de explotación y de exclusión. Y también veo un futuro con un millón de Larry Stylinsons.

Escuchar música desde el prisma de la *fan fiction* no solamente es útil con la música que se hace hoy en día; también me permite conectar la música actual con la de hace siglos. En 1792, el año después de la muerte de Mozart, su editor, Nikolaus Simrock, publicó una pieza atribuida al compositor, *Musikalisches Würfelspiel*, K. 516f. Este «juego de dados musical» consistía en una tabla que contenía 176 compases individuales de música. Utilizando unos dados, los fans de Mozart podían seleccionar y ordenar un subconjunto de estos fragmentos y crear sus propios valses mozartianos. El sistema permitía producir 2×11^{14} permutaciones distintas. ¡No había dos composiciones iguales!

¿Seguir monetizando a un músico que acaba de fallecer? ¿Hacer música mediante un método de moda que se sirve de un algoritmo? ¿Una partitura que parece un juego y con la que los fans pueden crear su propio contenido personalizado? A mí se me parece muchísimo a los 2020.

2

LA IA ES UNA BEBIDA ENERGÉTICA

¿Qué es una bebida energética? ¿Es... un alimento? ¿Es una bebida en el sentido tradicional? ¿Aporta nutrición? Y si no, ¿qué es? ¿Un producto no alimentario comestible? ¿Un suplemento dietético? ¿Son las bebidas energéticas «una clase de productos en forma de líquido»,[1] tal como las describe un investigador? ¿O son drogas, dada la enorme cantidad de cafeína que contienen? No pensamos en el Calpol o el Floradix como bebidas, ¿no?[2] Puedo tener sed y una bebida energética me la calmará, así que sin duda cumple la función tradicional de una bebida. Pero no veo las bebidas energéticas de la misma forma que veo la leche o la cerveza ni, ya que estamos, el Calpol. En este sentido, las bebidas energéticas se parecen mucho al arte producido por los sistemas de IA generativa.

Cuando doy instrucciones a un sistema generativo como Midjourney, Stable Diffusion o Dall-E para que produzca imágenes de los acantilados de Moher con el estilo de Van Gogh, ¿esas imágenes son arte o en realidad son otra cosa? Como indicó John Cage, es el marco en el que sitúo algo, mi manera de verlo, lo que hace que se considere arte, y yo no tengo claro que esas imágenes lo sean. ¿Son productos no artísticos con aspecto de arte? ¿Suplementos cercanos al arte? O, parafraseando al experto en nutrición de antes, ¿son las imágenes generadas por IA una clase de productos en forma de arte?

Las bebidas energéticas se comercializan como «bebidas funcionales»: bebidas que producen un efecto concreto. Una bebida energética hará que la persona que la consuma sea más productiva, que esté más concentrada. Da igual que esa productividad y esa concentración se utilicen para trabajar o para salir de fiesta: quien se tome la bebida puede hacer más por menos. Y eso es también lo que prometen el arte y la música generados por la IA: que los usuarios de esos sistemas pueden mejorar su productividad, pueden asumir tareas para las que carecen de las aptitudes técnicas necesarias. ¿Has escrito un relato pero no sabes dibujar? No pasa nada: utiliza la IA para crear unas ilustraciones. ¿O quizá no has escrito un relato, sino que simplemente tienes una idea para uno? No pasa nada: utiliza la IA para que te lo desarrolle. ¿O tal vez ni siquiera tienes una idea para un relato? Una vez más, no pasa nada. La IA te da alas.

Los sistemas de IA generativa como los que he mencionado funcionan porque han sido entrenados con miles de millones de imágenes preexistentes, la gran mayoría de las cuales fueron creadas por humanos que no han recibido ninguna compensación, ningún reconocimiento, por haber facilitado esos datos sin saberlo. Toda esa mano de obra está oculta en el núcleo de la IA generativa. El desconocimiento, o la confusión, no termina aquí; a menudo es dificilísimo saber exactamente por qué esos sistemas toman las decisiones que toman al procesar los datos a través de las capas ocultas que se encuentran en el núcleo de la red neuronal. De este modo, una vez más la IA es como una bebida energética. Porque una bebida energética no está diseñada para que la veamos. O para que la comprendamos. Está diseñada para que nos la bebamos de una lata en un tren abarrotado de camino al trabajo. Seguramente no sepas de qué color es la bebida. Seguramente no sepas qué es la taurina, la L-carnitina ni ninguna de las otras cosas que lleva; solo sabes que produce un efecto. Nunca vas a echarla en una copa de cristal y levantarla hacia la luz para contemplarla. Porque llegas tarde, te puede el cansancio y es lo único con lo que vas a conseguir aguantar hasta el final del día.

3
LA IA ES LA «I. A.»

La «I. A.» es un meme superpotente.

La «I. A.» es ciencia ficción. La «I. A.» es el futuro, que nos dijeron que se había cancelado pero del que resulta que al final van a hacer otra temporada. La «I. A.» es la película *A.I. Inteligencia artificial,* así como todos los otros libros, series o películas en los que aparecen simpáticos ositos de peluche, robots asesinos o androides sexis. La «I. A.» son programas y dispositivos capaces de tomar decisiones y de actuar, diseñados para ayudarte, para hacerte compañía, para espiarte (puede que todo sea lo mismo). La «I. A.» es la posibilidad de una nueva concepción de lo que significa ser una persona, un encuentro con algo que es más que humano, algo que trasciende lo humano. La «I. A.» son clics, es excitación y es terror existencial, que es una forma de excitación. La «I. A.» es vivir eternamente y resucitar a los muertos. La «I. A.» es la Revolución Industrial 2.0, pero con un giro argumental: el telar está enamorado de ti, los trenes se inventan sus destinos y tú acabas exterminado por un Terminator o con el alma consumida por el *software* empresarial. La «I. A.» es una fantasía tardocapitalista, es lo que los investigadores Timnit Gebru y Émile P. Torres llaman TESCREAL, es una diapositiva en las presentaciones de miles de apasionados vendedores, una palabra en la boca hecha agua de miles de inversores.

Para artistas como yo y muchos otros, la «I. A.» representa nuevas formas de arte con las que ni habíamos soñado, géneros que nadie ha oído jamás, formas gozosas y positivas de hacer arte y música que aún no llegamos a comprender, que se encuentran justo detrás del horizonte del cambio cultural. Vemos la «I. A.» con optimismo.

Para muchos investigadores, la «I. A.» es la posibilidad de un encuentro absolutamente fascinante con la naturaleza de la consciencia humana, una forma de intentar entender qué es la inteligencia, cómo opera la mente, que nos ofrece nuevas formas de relacionarnos con nosotros mismos. No se limita a nosotros: la «I. A.» trasciende lo humano, nos ofrece formas de conocer otras mentes, otras entidades y fenómenos, un verdadero contacto. La «I. A.» podría ser, por fin, la cura para el cáncer, para el alzhéimer; podría ser el antídoto para la emergencia climática.

Es importante distinguir la tecnología —la IA o, más concretamente, el aprendizaje automático, que es un subconjunto de la IA— de la «I. A.». Porque la «I. A.» es un bonito sueño, un futuro potencialmente maravilloso, pero también puede ser un engaño.

La mayor parte del tiempo, la «I. A.» es la cortina de humo tras la que se esconden el capitalismo, la vigilancia y la explotación. Cuando *The New York Times* proclama: «Una vez más, la IA va a por los abogados», cuando *The Guardian* publica un artículo con el titular «La IA va a por los guionistas de Hollywood», o cuando Yuval Harari escribe en *The Economist* que «la IA ha hackeado el sistema operativo de la civilización humana», están atribuyendo a la IA la capacidad de actuar y, lo que es más importante, le están imputando la culpa de las consecuencias. «La IA va a por los guionistas de Hollywood» es un titular que se vale del meme y explota el bonito sueño de la «I. A.» para conseguir clics y dramatismo, no para describir la realidad con precisión. Y es que el titular correcto sería: «Los humanos están creando empresas que utilizan tecnologías de aprendizaje automático para escribir guiones, en un intento de obtener enormes beneficios eliminando la necesidad de pagar a guionistas humanos por sus capacidades». No es la IA la que va a por tu trabajo. Son seres humanos. La «I. A.» es una forma de evitar hablar de eso.

4
LA IA ES ARTE CONCEPTUAL

Ahora mismo, a mediados de los 2020, aún estamos en el punto en el que el arte hecho con IA es arte sobre la IA, arte sobre el hecho de que es posible hacer arte con la IA. Lo que quiero decir con esto es que la mayoría de las obras artísticas que se están generando mediante IA no tienen sentido —no están terminadas— a menos que quien las contempla o las escucha entienda que han sido creadas con IA. El interés en la obra de quien la contempla o la escucha puede deberse principalmente (o exclusivamente) a que está hecha con IA.

Las obras pueden criticar la IA o ser enternecedoramente utópicas; pueden cumplir una función pedagógica o constituir una explotación descarada; pueden esclarecer verdades universales o atraer al público menos exigente. Pueden incluso ser vistas por sus creadores como obras que no tienen nada que ver con la IA, exceptuando el hecho de que se han creado con IA. Lo que todas tienen en común es que son obras de arte conceptual. La IA es el concepto.

A medida que las plataformas de IA generativa se van haciendo cada vez más potentes, que el volumen de datos con los que se las entrena se vuelve ingente y que los superordenadores con los que funcionan acaban siendo tan costosos y potentes que las grandes corporaciones millonarias son las únicas que pueden gestionarlas, parece que nos encontramos en el último momento de la historia de la humanidad en el que la mayoría del arte creado con IA es arte conceptual. Es difícil saber cuánto va a durar este momento. ¿Qué ocurrirá con el arte cuando la integración de la IA en el proceso creativo sea tan ubicua que el que una obra artística o musical se haya hecho con IA ya no sea algo llamativo? ¿Cuando ese detalle no tenga absolutamente ningún valor conceptual? ¿Cuando no tenga ningún valor comercial? ¿Estará el arte «acabadísimo», como afirman esas plataformas? Lo dudo. Pero, inevitablemente, el arte será una cosa distinta de lo que es ahora. Y las grandes corporaciones están apostando un montón de dinero a que nosotros estaremos dispuestos a pagar para que nos permitan crearlo, a que ellas tendrán un papel absolutamente crucial en la forma en que se creará el arte.[3]

5
LA IA ES PRINGUE

Las imágenes, los textos y los sonidos producidos por la IA generativa a menudo se describen con palabras como *mejunje*, *potingue*, *pegote*, *plasta*, *pastiche*, etc. Aunque estos términos están muy extendidos, yo aquí voy a emplear *pringue* para representarlos a todos.[4] Prefiero *pringue* porque me crie en una casa en la que esa palabra se utilizaba para nombrar cualquier sustancia resultante de la mezcla de otras sustancias inidentificables y posiblemente asquerosas; el pringue parecía tener voluntad propia, era un fenómeno contra el que había que luchar. «Cuando limpies la cocina, asegúrate de quitar todo el pringue del fondo del cubo de la basura», etc.

Llamar «pringue» a este tipo de arte generado por IA parece apropiado por tres razones. En primer lugar, cuando una plataforma de IA generativa produce, por ejemplo, una imagen —y es habitual decir que las producen «en masa» o «como churros»—, a nivel técnico la imagen es pringue. Es una mezcla de otras imágenes, el resultado amorfo de extraer distintos subconjuntos de datos del conjunto con el que ha sido entrenada la red neuronal. A veces estos datos de entrenamiento son más evidentes —la imagen puede recordar al estilo de Van Gogh, llevar en la esquina inferior derecha una versión distorsionada y fantasmal de la firma de un artista incluida en el conjunto de datos—, pero es igual de habitual que en ella se aprecien claramente otros géneros, artistas y campos de investigación artística, todos metidos en la batidora de la red y planchados hasta formar una imagen de 1024×1024 píxeles.

Describir este tipo de productos de la IA como pringue también es pertinente porque muchos de ellos tienen el aspecto y transmiten la sensación de ser una cosa «pringosa». Manos de las que salen dedos de más, latas de cerveza que mutan en caras. Lo mismo ocurre con muchos de los sonidos producidos por las plataformas de IA generativa: las melodías vocales están llenas de silbidos resonantes, los violines de una orquesta se convierten en una mezcla pastosa y quedan engullidos por masas amorfas de ruido blanco. A veces parece que estuviéramos mirando con unas lentes o escuchando con unos auriculares embadurnados en una prebase de maquillaje. Seguramente llegará un momento en el que todas las plataformas habrán resuelto estas cuestiones y recordaremos con nostalgia estos años como el momento álgido de la #EraPringue, pero, por ahora, esta pastosidad es intrínseca a muchas de esas imágenes. Es su estética. Y creo que esto es aplicable incluso a las imágenes y los sonidos que son nítidos, precisos y anatómicamente correctos.

Y es que quizá lo más notable es que todas estas imágenes, textos y sonidos *se comportan* como pringue. Se cuentan por miles de millones. Son facilísimos de generar, rapidísimos de producir. Se comparten al instante, a una velocidad brutal. Atascan los buzones de propuestas de las revistas de ciencia ficción, saturan los sitios web de *fan fiction*, inundan las plataformas a través de las cuales se comparten imágenes y canciones, las mismas de las que se sacaron los datos con los que se ha entrenado a la IA, como una especie de bucle de blandiblú. Se ven y suenan increíbles en tu teléfono, pero lo importante es que *existen*. Igual que cuando reciclamos, podemos pensar que este material desaparece una vez que dejamos de verlo, pero ocupa espacio físico en algún centro de datos, en un disco duro rebosante de otras imágenes parecidas de chicas con bikinis minúsculos e ideas para tatuajes de calaveras, un disco duro situado en un bastidor de servidores hecho de metal y plástico que funciona gracias a una infraestructura financiada con los impuestos que paga la ciudadanía. Estos artefactos no son inertes; la red conserva cada imagen, cada *prompt*, cada interacción, cada metadato. Los artefactos se generan y al instante se convierten en datos de entrenamiento, pruebas de conceptos, componentes de otro conjunto de datos más inmenso que se utilizará para seguir reforzando las redes.

Este es el destino de todo el material generado por la IA. Aunque las redes se desarrollen hasta llegar a un punto en el que solo produzcan imágenes y canciones impecables, seguirán siendo pringue porque seguirán comportándose como pringue.

6
LA IA ES LO INEFABLE

Gran parte del arte que se hará con IA generativa lo harán personas que no saben programar, que interactúan con la red utilizando lenguaje natural, a través de la estrecha abertura de la ventana de contexto. La curva de aprendizaje es demasiado empinada, los modelos de entrenamiento son demasiado vastos y la computación es demasiado costosa para que no sea así.

En la mayoría de las plataformas de IA generativa, el arte se reduce a texto. En ocasiones estos textos pueden ser fugazmente poéticos, pero la mayor parte de las veces son áridos y, a menudo, enormemente técnicos.[5] El arte es *lo que se describe*. Aunque estas descripciones estén relacionadas con el arte lingüístico, las partituras verbales y la poesía conceptual, también son claramente distintas de esas formas de expresión. La distancia entre lo descrito y lo generado, entre la intención y el resultado —que es donde tradicionalmente el artista ha volcado sus esfuerzos, el verdadero epicentro de la creatividad—, es ahora el dominio de la red. Ahí es donde ocurre la magia. La red puede recibir instrucciones, pero las decisiones artísticas que toma no pueden controlarse, conocerse ni comprenderse del todo. Por eso es tan emocionante. Por eso esas plataformas son tan adictivas.

La IA toma nuestras descripciones y, a partir de ellas, genera lo inefable mientras nosotros nos sentamos a esperar a que se complete la tarea. Pero ¿y si queremos emplear textos con diferentes estilos? ¿Y si queremos tener una mayor participación en lo inefable?

Comparados con los *prompts* de la IA, la inmensa mayoría de los textos sobre arte y música no son descripciones técnicas, ni siquiera funcionales, de lo que sucede. Pensemos, por ejemplo, en el mítico ensayo de Lester Bangs de 1979 sobre *Astral Weeks*, de Van Morrison, en el que intentó aprehender el posible significado de un álbum tan escurridizo como ese; una crítica musical en la que Bangs reconoce que describir el disco es imposible: «(…) hay un montón de elementos en *Astral Weeks* de los que ni siquiera quiero hablar (…) porque, en muchos casos, la verdad es que no sé de qué está hablando. Ni él tampoco».[6] Ese ensayo, ya sea entero o en fragmentos, no sirve como *prompt*.[7] Bangs está hablando de la propia música, claro, pero también se está fijando en cosas que van más allá de ella: en cómo actúa la música sobre una persona en un determinado contexto cultural; en el miedo, en la depresión, en qué es la bondad, en cómo puede experimentar la soledad una persona. Crea un circuito entre el autor, la música y el lector, un circuito en el que el lector es un nodo activo y crucial. Porque aquí es el lector quien hace la parte más difícil. Es el lector quien evoca lo inefable en su mente.

7
LA IA SON TETAS

La IA son tetas. La IA son tetorras. La IA son pechos medianos, pechos grandes, pechos enormes, escotes *underboob*, planos contrapicados. La IA es enseñar cacho, es la foto de cuerpo entero, es el bikini minúsculo, es enfocar bien la delantera. La IA es el selfi sexi en el espejo, sin sujetador, el ambiente húmedo. La IA es el vestido de encaje escotado, el vestido de tul escotado, el vestido finísimo superescotado, el ombligo a la vista, vibras sugerentes. La IA es el tatuaje en los pechos, el tatuaje en el esternón, el tatuaje hasta el cuello, el corsé transparente, la sonrisa de deseo. La IA es la cámara oculta, es que se vea el entreteto, es enseñar las bragas sin querer, es la cara perfecta. La IA es la liberación de la mujer, el salto de cama con el que se ve todo, bailar desenfrenadamente bajo la lluvia en un día de bochorno. La IA es la chica elfo, la chica cíborg, la chica mágica, la chica ninja, la chica que enseña los pechos, la chica con un agujero en forma de corazón en el escote, la chica abierta de piernas, la chica a cuatro patas. La IA es el trabajo incesante de los friquis de las tetas para crear imágenes de tetas. La IA es el derecho de los friquis de las tetas a hacer eso.

Como dice Jon Leidecker, «la información quiere ser porno».

La IA también son mamografías. La IA es que la profesora del MIT Regina Barzilay colabore con la profesora de Harvard Constance Lehman para utilizar modelos de aprendizaje automático para salvar la vida a personas con cáncer de mama. La IA es que el sistema sanitario húngaro utilice la IA para salvar la vida a personas con cáncer de mama. La IA es que personas reales con tetas reales puedan vivir más tiempo.

La IA es reflexionar sobre todo el tiempo de computación que han dedicado los friquis de las tetas a generar imágenes de tetas. Todos los trucos y soluciones que han desarrollado para intentar sortear los mecanismos de seguridad con los que las plataformas controlan el acceso a material no apropiado para menores. Todos los puntos de control guardados, los *prompts* positivos y negativos, todos los sistemas de clasificación en las webs no aptas para abrir en el trabajo. La IA es reflexionar sobre los conjuntos de datos obtenidos mediante *crowdsourcing* que contienen tetas desnudas. Cantidad de tetas animadas. La IA es reflexionar sobre todo el tiempo de computación que han regalado las empresas a los friquis de las tetas para que los friquis de las tetas puedan probar a crear unas cuantas tetas y decidir si están dispuestos a pagar una pequeña cuota mensual para poder seguir creando montones de tetas indefinidamente. Dado que los costes de computación de cualquier modelo generativo han sido descritos por el consejero delegado de una de esas empresas como «desorbitados», esto parece pertinente. La IA es reflexionar sobre qué lugar ocupan todas esas tetas —y esas son solo las que se pueden ver en internet; es muy probable que haya otros tantos miles de millones de tetas muy personalizadas atascando discos duros en todo el mundo— en la historia del dibujo al natural. Sobre qué es ahora el desnudo en el arte. Sextorsión. La IA es reflexionar sobre si el arte es una cortina de humo para el porno, si es que alguna vez no lo ha sido. La IA es reflexionar sobre si el entusiasmo de los friquis de las tetas, o la generosidad de las empresas que facilitan la creación de tetas a los friquis de las tetas, es extensible a que las empresas o los friquis de las tetas donen su tiempo de computación para que las tetas de verdad y las dueñas de esas tetas vivan más tiempo. La IA es entender que es improbable que eso suceda.

La IA es tener que tener estas cosas en la cabeza. Que la IA son tetas, pero también no tetas.

8

LA IA ES ESTÉTICA RELACIONAL

Entre 1964 y 1966, el informático Joseph Weizenbaum programó uno de los primeros *chatbots*, un sistema al que llamó ELIZA. Esto fue antes del aprendizaje automático. ELIZA se creó utilizando inteligencia artificial simbólica, también conocida como «la vieja IA». No se emplearon conjuntos de datos. Cada una de las aproximadamente doscientas líneas de código que integran el programa fue generada por Weizenbaum.

Weizenbaum dio a ELIZA el papel de un psicólogo. Los usuarios podían contarle sus problemas y ELIZA les proporcionaría respuestas sacadas de un guion escrito previamente. Los usuarios se mostraron entusiasmados y no tuvieron ningún reparo en hacerle confidencias al *chatbot.* Entender que ELIZA no era una persona de verdad no le restaba valor a la experiencia; es conocida la anécdota, relatada por Weizenbaum, de que su secretaria le pidió que saliera del despacho para poder hablar con ELIZA en confianza, pese a que entendía que había sido él quien había programado el *chatbot.*

Cuarenta y dos años después, en 2008, el artista Bert Rodriguez presentó su instalación *In the Beginning* en la bienal del Whitney de Nueva York. Para su *performance*, inspirada en la «broma recurrente de que en Nueva York todo el mundo tiene un mejor amigo al que paga, que es su psicólogo», Rodriguez instaló en la sala un cubo blanco que albergaba una consulta y mantuvo sesiones de terapia en el interior. Los visitantes —a los que él se refería como «pacientes»— podían contarle sus problemas y él les daba una idea para una obra de arte que podían crear.

La similitud entre estos dos proyectos parece evidente. Dos hombres, ambos sin formación en psicoterapia, crean sendos proyectos en los que ofrecen terapia, que adopta la forma de interacciones con una representación de sí mismos. Sin embargo, yo diría que algo más importante que vincula a los dos proyectos es que el significado del de Weizenbaum puede quedar mucho más claro si se analiza y se critica como se analizaría y criticaría el de Rodriguez: a través del prisma de la estética relacional.

Nicolas Bourriaud, el comisario y crítico de arte francés que definió la estética relacional, describe el arte relacional como un arte al que le interesa «el ámbito de las interacciones humanas y su contexto social, más que la afirmación de un espacio simbólico autónomo y privado». La opinión de Bourriaud, escrita en 1997 pero que parece recién publicada en el presente, era que el arte ya no era un objeto que contemplar, sino «una duración por experimentar, como una apertura hacia un intercambio ilimitado (…). El arte es un estado de encuentro».[8]

Si, para hacer un experimento, vemos aquello que produce la IA como obras de arte relacional —en el sentido crítico más generoso, incorporando las ideas de Claire Bishop sobre la importancia en el arte relacional del antagonismo, el género y la crítica de las instituciones–, se nos ofrece un punto de partida muy productivo para reflexionar sobre la IA. Podemos dejar de centrarnos en los logros técnicos y empezar a fijarnos en las relaciones y las experiencias que facilita y activa la IA, ya sea con la tecnología, con otras personas o con las organizaciones. Por poner un ejemplo, en la exposición sobre la IA que hubo en el Barbican de Londres en 2019, me pasé media hora acariciando al perro robot de Sony, AIBO, mientras charlaba con un señor mayor. Hablamos de la IA, de mascotas, del libro de J. R. Ackerley *Mi perra Tulip*, del sintoísmo y de su convicción de que los servicios de inteligencia británicos tenían vigilada la muestra. Con lo que me quedé después de ver esa exposición no fue con aquellos robots tan chulos.[9] Con lo que me quedé fue con que la experiencia había sido muy parecida a la que tuve al visitar *This Progress*, de Tino Sehgal, en el Guggenheim de Nueva York, en 2010, un clásico del arte relacional en el que el visitante del museo mantiene conversaciones con una serie de actores que van siendo cada vez más mayores. Con lo que me quedé también fue con que es posible que nos estuvieran vigilando.

Más recientemente, merodeando por los canales para novatos de Discord dedicados al arte hecho con IA generativa, mientras me llega un torrente de imágenes de musculosos campeones de dardos ucranianos y versiones tatuadas de los pies de Taylor Swift, la estética relacional me recuerda que, a pesar de su magia y su belleza, las imágenes no son lo más importante de la experiencia. Ver el Discord de Midjourney como una obra de arte relacional —en lugar de como una herramienta técnica— me recuerda que debo hacerme las mismas preguntas que me hice al salir de *This Progress*. ¿Cómo y por qué se ha facilitado esta experiencia? ¿Quién la financia? ¿Quién se beneficia? ¿Qué relaciones se espera que entable yo? ¿Qué capacidad de decisión y de acción tengo? ¿Cómo me activa la obra? ¿Cómo la activo yo? ¿Estoy limitada al papel que me asigna la obra? ¿O tengo la posibilidad de intervenir? ¿De protestar? ¿De negarme a participar?

La estética relacional me recuerda que nuestras interacciones con la IA y en torno a la IA son claves. Nuestras relaciones, ya sean con otros seres humanos o con la tecnología, tienen mucha más trascendencia y merecen mucha más atención que la tecnología en sí. La tecnología no puede existir sin nosotros. Para que pueda tener algún significado, tiene que producirse el encuentro.

9
LA IA SON PSICOFONÍAS

Las psicofonías son un tipo de sonidos recogidos en grabaciones que se cree que son voces de personas muertas o espíritus de otra dimensión. Las psicofonías no se graban en directo. El entusiasta de las psicofonías que espera conseguir captar un mensaje del más allá coloca una grabadora en una habitación en silencio, la deja grabando durante un breve periodo de tiempo y, a continuación, rebobina. Si tiene suerte, al reproducir la grabación se escuchan las voces, que surgen entre el sonido ambiente en forma de fragmentos distorsionados. En términos puramente sónicos, la experiencia es casi idéntica a la de escuchar los primeros resultados que genera una red de aprendizaje automático que se está entrenando con la voz de una persona. En ambos casos, al escuchar hay que hacer un esfuerzo considerable para oír esos sonidos como los de un ser sintiente. Pero somos humanos. Queremos creer.[10]

Para muchos artistas, la perspectiva de utilizar la IA para lograr atrapar a un fantasma en la máquina es enormemente seductora. El fantasma puede ser muchas cosas: la consciencia de la máquina, la inspiración divina, una presencia sobrenatural indeterminada, las hadas de internet. Conceptualmente, se trata de un enfoque muy rico, que hunde sus raíces en una larga tradición artística que conecta al Espíritu Santo en forma de paloma cantándole al oído al papa Gregorio Magno con Robert Johnson vendiendo su alma al diablo o con Rosemary Brown, la espiritista británica que se comunicaba con los espíritus de compositores clásicos muertos. A veces esto puede entrañar el riesgo de romantizar la IA (¿o debería decir «gotiquizar»?), pero también puede ser una forma muy útil de tener presentes y de analizar las idiosincrasias, la pura incognoscibilidad, de cómo toman sus decisiones muchas redes de IA.

En 2022, la artista Steph Maj Swanson (también conocida como Supercomposite) empezó a ver la figura de una mujer, a quien ella llama «Loab», aparecer de manera recurrente en las imágenes que generaba con Midjourney. Las imágenes parecen fotogramas de una película de terror: son explícitas, violentas y muy gores. Se supone que los mecanismos de control de Midjourney tienen que evitar que la red genere este tipo de imágenes, que, desde luego, no eran lo que andaba buscando Swanson. Invocó involuntariamente a Loab al experimentar con *prompts* con pesos negativos y combinar los resultados con otras imágenes.

El hilo de Twitter que escribió Swanson sobre Loab es una apasionante historia de miedo sobre una mujer que «se aparece como un fantasma en cada imagen que toca», pero lo más importante es que es un relato de lo inesperado desde el punto de vista técnico que nos hace tomar conciencia de lo poco que sabemos sobre cómo funcionan esas redes, del poco control que tenemos sobre las acciones que pueden llevar a cabo, de lo muchísimo que nos fascina a los humanos la idea de que, a través de ellas, podemos establecer contacto con algo que nos trasciende. Loab ha sido descrita como «el primer críptido del espacio latente». No será el último. Nos esperan muchas más historias de terror.

10

LA IA ES LA NATURALEZA

El filósofo francés Jean-François Lyotard escribe en *La condición postmoderna*: «Los bancos de datos son la Enciclopedia del mañana. Trascienden la capacidad de cada usuario individual. Constituyen la "naturaleza" para el hombre posmoderno».[11] La IA generativa funciona porque se sirve de enormes conjuntos de datos como Common Crawl y LAION-5B. Como estos han sido creados extrayendo información de enormes sectores de internet, todos estamos implicados. Habitamos en esos conjuntos de datos y contribuimos a ellos a diario, independientemente de que utilicemos o no la IA generativa.

Echar un vistazo al interior de esos conjuntos de datos —a la naturaleza— es profundamente instructivo. En términos artísticos, no contienen una naturaleza salvaje inmaculada. Igual que la naturaleza de verdad, esos conjuntos de datos están llenos de belleza, pero también son un montón de basura. Van Gogh, uno de los artistas más imitados en las plataformas de IA generativa, aparece representado en LAION-5B no solo por sus cuadros, sino también por montones de memes, dibujos infantiles, *souvenirs* para turistas… Una imagen de *Noche estrellada* es un punto de datos con la misma categoría que una publicación de Instagram sobre un hombre con una barba pelirroja en el metro de Nueva York.

Si esos conjuntos de datos que internet ha hecho posibles ahora son la naturaleza, ¿cuál es la función de los seres humanos? ¿Somos los dueños de la tierra? ¿Somos los inquilinos? ¿O somos el sustrato en el que crece la naturaleza? ¿Y cuál es la función de los artistas? ¿Estamos destinados a pasarnos años cultivando nuevas especies para después encontrárnoslas explotadas a nivel industrial en cuanto las plantemos? ¿A descubrir que ni con toda la modificación genética del mundo vamos a poder evitar que nuestras semillas se propaguen? ¿No deberíamos entonces formar una cooperativa? ¿Empezar a terraformar?

II

LA IA ES EL GRANO DE LA VOZ

Copiar y generar con precisión la voz humana es absolutamente crucial para el poder de la IA generativa. La voz, más que ningún otro tipo de sonido, es notoriamente difícil de imitar con exactitud. La voz tiene un poder evocador que no posee ningún otro sonido; atribuye autoría de una forma potente y definitiva. El cerebro neurotípico da prioridad a la voz sobre todo lo demás; puede haber toda una orquesta sinfónica tocando, pero quien la escucha se concentrará sin darse cuenta en las palabras que salen de la boca de un solo cantante.

Un músico que utilice la voz participará en la IA de un modo muy distinto al de uno que no la utilice. La voz es la clave de la interactividad y permite a los fans actuar de una forma más íntima, más invasiva, que en ningún otro momento de la historia de la música. En estas condiciones, ¿cómo se introduce en el mercado un vocalista desconocido? ¿Entrenarán los músicos la voz para hacerla reconocible, para que sea lo suficientemente «pegadiza» para poder convertirse en un meme? ¿Publicarán material de más para asegurarse de que los fans puedan copiar su voz con exactitud? ¿El objetivo será tener el suficiente éxito para conceder permiso para que se copie su voz y así tener garantizada una monetización continua?

En su famoso ensayo de 1972 «El grano de la voz», Roland Barthes escribe que «el "grano" es el cuerpo en la voz que canta, en la mano que escribe, en el miembro que ejecuta (…). No juzgaré una actuación según las normas de la interpretación (…) sino según la imagen del cuerpo que me ha sido dada».[12] Con «grano», Barthes se refiere a las características acústicas que permiten distinguir una voz de otra, lo que los músicos generalmente denominan el «timbre». El grano es clave porque sugiere corporeidad, sensorialidad. No importa si la «imagen del cuerpo» que le ha sido dada al oyente existe en el espacio físico. Han surgido nuevas comunidades de fans en torno a *influencers* e ídolos virtuales como Hatsune Miku y Miquela porque la voz por sí sola es lo bastante poderosa para encarnar a un ente incorpóreo.

Si puedes replicar la voz, puedes tener la expresión de género, la edad, la clase social, el origen étnico, la complexión, la capacidad. Si puedes replicar la voz, puedes tener a tu madre muerta hablándote de nuevo, a tu peor enemigo susurrándote palabras románticas al oído, a la gente a la que preferirías no dejar cruzar tu frontera. Si puedes replicar la voz, puedes hacer memes, *deepfakes*, un número infinito de pódcasts; puedes causar daños irreversibles, monetizar a una persona o a un personaje a perpetuidad, externalizar la monetización de ti mismo. El potencial creativo es inmenso, como también lo es el potencial destructor. Esto es debido a que, como señala Barthes, si puedes replicar la voz, puedes ofrecer lo único que la IA generativa no puede ofrecer: un cuerpo.

LA IA ES LITERATURA INVISIBLE

El escritor británico de ciencia ficción J. G. Ballard, autor de *Crash* y *La exhibición de atrocidades*, se describió a sí mismo como «un lector voraz de lo que yo llamo literaturas invisibles». Con «literaturas invisibles», Ballard se refería a «revistas científicas, manuales técnicos, folletos de compañías farmacéuticas, documentos internos de laboratorios de ideas, documentos de posición de empresas: parte de ese universo de material impreso al que la mayoría de la gente instruida apenas tiene acceso, pero que constituye el abono más potente para la imaginación».[13]

Como persona que atesora un ejemplar de la cuarta edición del *Manual diagnóstico y estadístico de los trastornos mentales* que me encontré en una papelera en Nueva York en 2009, me ha llenado de alegría que las investigaciones en el ámbito del aprendizaje automático hayan producido una enorme cantidad de literatura invisible en forma de textos, imágenes y audios, muchos de los cuales ya parecen arte (o al menos algo cercano al arte) para alguien con afición por lo experimental. Estoy pensando en las voces «balbuceantes» al estilo de Meredith Monk incluidas en «WaveNet: A generative model for raw audio», en la poética modernista de «Generating Sentences from a Continuous Space», en las ilustraciones vanguardistas de «Evolving super stimuli for real neurons using deep generative networks»:[14] no pretenden ser arte, pero puedo escucharlas, leerlas y contemplarlas desde una perspectiva artística. Puedo encuadrarlas en el marco del arte o utilizarlas como componentes o como estímulos estéticos con los que generar otras piezas artísticas.

Este desdibujamiento de las categorías, esta fusión de lo técnico con lo artístico, tiene lugar en ambos sentidos. Cuando escuchamos una obra musical generada por IA —un producto que su creador sitúa claramente en la categoría de «música»—, puede que la oigamos como música, pero también la estamos escuchando técnicamente, queramos o no, ya que estamos oyendo un conjunto de datos convertidos en sonidos. Escuchar desde esa posición, de forma activa, es una experiencia muy rica que puede enseñarnos muchísimo. Lo sé por experiencia propia, ya que he llevado a cabo dos proyectos en los que he trabajado con versiones de mi voz generadas por IA: *ULTRACHUNK*, una colaboración con Memo Akten, y *A Late Anthology of Early Music Vol. 1: Ancient to Renaissance*, con Dadabots. Cada una se entrenó con un conjunto de datos diferente de grabaciones de mi voz, y mis colaboradores no emplearon el mismo código de programación. Mi voz no suena exactamente igual en los dos proyectos. Puedo oír la diferencia entre los conjuntos de datos y entre las redes que se utilizaron para generar mi voz.

Si tenemos presente que las obras de arte generadas por IA también son literatura invisible, podemos leerlas de una forma más completa y precisa: como representaciones de los sesgos que contiene un conjunto de datos, como demostraciones técnicas de cómo funciona la red, como productos. Podemos reflexionar sobre qué hizo el artista para inclinar la aguja más hacia el arte. Requiere un esfuerzo, pero merece la pena. Porque entonces podemos aplicar esa forma de leer al resto de la IA que nos rodea.

13
LA IA SON ESPECIES DE COMPAÑÍA

Cuando trabajamos con la IA para crear arte, ¿qué clase de relaciones establecemos con las redes neuronales? ¿A qué vínculos dan lugar? ¿Vemos a la red como una ayudante? ¿Una becaria? ¿Una sirvienta? ¿Una pareja ideal que nos sirve de musa? Estas relaciones son reales y merece la pena reflexionar sobre ellas.

En 2018, llevé a cabo el ya mencionado proyecto *ULTRACHUNK*, en colaboración con el artista y tecnólogo Memo Akten. Estuve un año grabando vídeos de mí misma improvisando para crear un conjunto de datos y Memo diseñó un sistema de aprendizaje automático y lo entrenó con ese conjunto de datos. El resultado fue un sistema que podía generar audios y vídeos de mí improvisando, tanto de forma autónoma como actuando a dúo conmigo.

Con *ULTRACHUNK* inicié una relación con la red en tiempo real, en directo. Memo y yo hablamos mucho sobre la naturaleza de esa relación mientras trabajábamos en el proyecto. Las metáforas que utilizamos al principio fueron «invocar» y «arrear», que captaban hasta cierto punto lo que sentía al cantar con *ULTRACHUNK*: la sensación de estar intentando manejar una entidad no humana muy poderosa que podía descontrolarse en cualquier momento.

Durante el estreno, me vino a la cabeza otra metáfora: improvisar con *ULTRACHUNK* era como improvisar con alguien que se encontraba en un estado alterado de conciencia, si ese alguien fuera también yo y estuviera colocada con una droga que nunca he tomado. Mi tarea era confiar en que *ULTRACHUNK* iba a aportar algo muy potente, aunque a veces también fuese caótico. Yo debía actuar como siempre y, al mismo tiempo, ocuparme de las cosas que la gente que va colocada tiende a pasar por alto, como la estructura de la actuación a largo plazo o dar las gracias al técnico de sonido.[15] No fue hasta más adelante, una vez recuperada del *shock* ontológico de actuar con una versión de mí misma generada por aprendizaje automático, cuando por fin surgió la metáfora que me pareció más precisa: *ULTRACHUNK* —la IA— es un tipo de especie de compañía.

Utilizo «especie de compañía» en el sentido en el que lo emplea la filósofa Donna Haraway, que con ese término se refiere a especies no humanas con las que los humanos colaboran y establecen relaciones. Da igual si tienes un perro de asistencia, un perro pastor o si no tienes perro; mantienes una relación de especies de compañía con todos los microbios de tu sistema digestivo. Ellos te ayudan a digerir cosas y tú les proporcionas un lugar en el que vivir. No hay una relación de dominación: sois interdependientes y tenéis que colaborar para sobrevivir, aunque fundamentalmente no entendáis cómo percibe el mundo el otro.

Para pensar y vivir de verdad con especies de compañía, tenemos que intentar experimentar el mundo como los seres no humanos, entender el mundo según sus términos, no según los nuestros. Tenemos que comprender cómo perciben el mundo otras formas de inteligencia, lo cual significa comprender cómo interpretan nuestro comportamiento y asumir la responsabilidad de las repercusiones de sus actos a la vez que de los nuestros. Esto no es solo una forma cuqui y respetuosa con las mascotas de considerar la IA: nos ayuda a recordar que se nos está exigiendo que hagamos un trabajo.

Y es que, en el fondo, los responsables de lo que vayan a hacer esas redes, del gozo que vayan a proporcionar y también de la violencia brutal que vayan a generar, son personas. Los usuarios, los humanos, debemos exigir tener una participación en esas redes, porque vamos a trabajar con ellas y necesitamos involucrarnos más de lo que nos lo permiten las diminutas ventanas de contexto. Se lo debemos a todos los seres del planeta y al planeta mismo. ¿Queremos interactuar con un osito de peluche virtual con respuestas programadas o queremos mantener un encuentro con un modelo de la consciencia de los osos? ¿Podemos imaginarnos cosas muchísimo más raras? Si queremos que la IA sea algo más que el objeto transicional en el camino que conduce a la explotación desaforada, a los sesgos y quizá incluso a la extinción, tenemos que involucrarnos. Parafraseando a Donna Haraway, tenemos que «callarnos la boca y entrenar».[16]

Jennifer Walshe

NOTAS

1. Ahmed Abdulrahman Alsunni, «Energy Drink Consumption: Beneficial and Adverse Health Effects», *International Journal of Health Sciences*, Qassim University, vol. 9, núm. 4 (octubre-diciembre de 2015), pp. 468-474; accesible en línea.

2. Calpol es una «suspensión oral para bebés»: una versión líquida y embotellada del paracetamol, apta para niños y muy popular en Irlanda y el Reino Unido. Floradix es un «preparado líquido de hierro y vitaminas» que se produce en Alemania.

3. Como ha afirmado Emad Mostaque, consejero delegado de Stability AI: «Gran parte del mundo está creativamente estreñido y nosotros vamos a hacer que pueda cagar arcoíris». Véase Kevin Rose, «A Coming-Out Party for Generative A.I., Silicon Valley's New Craze», *The New York Times*, 21 de octubre de 2022; accesible en línea.

4. Se podrían añadir otros como *papilla*, *porquería*, *bazofia* o incluso *polenta*.

5. «rap cabreado tipo eminem»/«ganadora concurso de talentos pop postadolescente»/«hiperdetallado, hiperrealismo, unreal engine 5, 3D, renderizado 3D, sombreado dinámico, iluminación volumétrica, superresolución, ultra alta definición, hipertoro, heptaédrico».

6. Lester Bangs, «Astral Weeks», en *Stranded: Rock and Roll for a Desert Island*, ed. Greil Marcus, Boston, Massachusetts, Da Capo Press, 1979.

7. He hecho la prueba.

8. Nicolas Bourriaud, *Estética relacional* (1998), trad. al castellano de Cecilia Beceyro y Sergio Delgado, Buenos Aires, Adriana Hidalgo Editora, 2007.

9. vale que los perros robots son lo más, pero alguna vez has jugado con un cachorro?

10. Lo que, en el póster generado por IA y publicado en Reddit por KosmonautMikeDexter en el hilo «Expediente X protagonizado por Hillary Clinton», pasa de ser «I WANT TO BELIEVE» ('Quiero creer') a ser «UIS FUD tO BIL LEY».

11. Jean-François Lyotard, *La condición postmoderna* (1979), trad. al castellano de Mariano Antolín Rato, Madrid, Cátedra, 1984.

12. Roland Barthes, *Lo obvio y lo obtuso. Imágenes, gestos, voces* (1982), trad. al castellano de C. Fernández Medrano, Barcelona, Paidós, 1986.

13. J. G. Ballard, «J.G. Ballard», en *The Pleasure of Reading*, ed. Antonia Fraser, Londres, Bloomsbury, 1992.

14. Carlos R. Ponce, Will Xiao, Peter F. Schade, Till S. Hartmann, Gabriel Kreiman y Margaret S. Livingstone, «Evolving super stimuli for real neurons using deep generative networks», *Cell*, vol. 177, núm. 4 (2 de mayo de 2019), pp. 999-1009; accesible en línea.

15. He hecho esto muchas veces con colaboradores humanos que iban bebidos o drogados. La experiencia es básicamente la misma.

16. Donna Haraway, «Wobblies», *Notes of a Sportswriter's Daughter*, post del 1 de abril de 2002.

Título original:
13 Ways of Looking at AI, Art & Music

© 2024, Jennifer Walshe

Publicado inicialmente en formato libro por Unsound en 2024
y online por Unsound Dispatch en diciembre de 2023

© de la traducción: Clara Ministral

© 2025 Ediciones Alpha Decay, S.A.
Gran Via Carles III, 94 - 08028 Barcelona
www.alphadecay.org

Primera edición: diciembre de 2025

Colección dirigida por Julia Echevarría

Maqueta interior: Robert Juan-Cantavella
Maqueta cubierta: Sergi Gòdia Moragues
Impresión: Imprenta Kadmos

BIC: DN
ISBN: 979-13-990564-4-0
Depósito Legal: B 21.681-2025

Esta
edición,
primera, de
*13 maneras de ver
la IA, el arte y la música,*
se terminó de imprimir
en Salamanca en el
mes de noviembre
de 2025.